나는 열 개의 눈동자를 가졌다

애지시선 035
나는 열 개의 눈동자를 가졌다

2011년 3월 19일 초판 1쇄 발행
2012년 11월 16일 초판 3쇄 발행

지은이 손병걸
펴낸이 윤영진
편 집 함순례
디자인 함광일 이경훈
홍 보 한천규
펴낸곳 도서출판 애지
등록 제 2005-5호
주소 300 -170 대전광역시 동구 삼성동 125-2 4층
전화 042 637 9942
팩스 042 635 9941
전자우편 ejiweb@hanmail.net

ⓒ손병걸 2011
ISBN 978-89-92219-29-7 03810

* 저자와의 협의에 의해 인지를 생략합니다
* 이 책 내용의 전부 또는 일부를 재사용하려면 저자와 애지 양측의
  동의를 받아야 합니다
* 이 책은 2010년 서울문화재단 및 한국문화예술위원회의 문학창작활성화
  지원금을 수혜받았습니다.

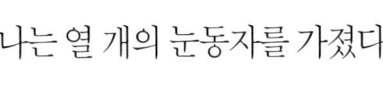

우리시선 035

나는 열 개의 눈동자를 가졌다

손병걸 시집

□ 시인의 말

태양이 검다.
달빛도 검다.
어둠 속의 감금이다.
퇴색된 어깻죽지에는
검은 싹이 돋아 검은 그늘을 드리우고
이 끝이 어딘지 몰라
심열을 앓고 있다.
표현되지 않는 삶,
표현할 수 없는 생을 몰랐다.
내가 내게 희망을 말하지 못하지만
가슴에 품은 꽃 한 송이를 꺾지 말자고 할 뿐이다.

2011년 봄
손병걸

차례

시인의 말　005

제1부

작설차를 마시며　012
소리를 보다　014
버려진 기타　016
하모니카 소리　018
그 여자의 종교　020
눈길　022
어느 숲　024
대문　026
아이가 아빠를 키운다　028
연탄구이 집에서　030
개봉역에서　032
소요 속으로　034

2부

손가락 끝에 박힌 눈 038
나는 열 개의 눈동자를 가졌다 040
빛의 경전 042
엠보싱 로드(embossing road) 044
외포리에서 046
검은 꽃 048
눈물꽃 050
낙동강 하구에서 051
해돋이 052
먹구름 054
열쇠를 잃다 056
낙하의 힘 058
흰 머리카락 060
죽 062

제3부

꽃은 066
새터 068
단풍나무 070
생방송 072
긴 침묵 074
놓고아줌마 076
아이의 나눗셈 078
손수레 엄마 080
푸른 뼈 082
탕탕이 084
항해 086
거짓말 088
어리연꽃 089

제4부

산부인과 병동　092
봄비 1　094
봄비 2　096
무화과나무　098
집　100
나무 생각　102
간절곶　104
옹이 자국　106
묘박　108
새벽비는 그치고　110
표본실에서　112
구원救援　114

발문 | 황규관　117

제1부

작설차를 마시며

혼자 마셔도
혼자가 아니어서 좋다

흙바닥을 쪼던
딱딱한 부리 속에
부드러운 혀가 숨어 있다

귀를 기울이면
그윽한 말 중
간담을 서늘하게 하는 말이 있다

원망, 그 한마디 말보다
날개를 키워왔다는 말
내 목구멍을 훑어줄 때
두 눈을 잃은
절망의 부기가 가라앉는다

식어가는 찻잔에 남은
마지막 한 방울 말까지 마시고 나면
세상 구석 미세한 소리조차 받들어 마시는
창문 밖 저 귀가 큰 겸손한 고요

덩치 큰 어둠의 입술도 달싹거린다

소리를 보다

저수지 둑길을 걷는데
사람들이 던지는 돌멩이에
고인 물 일어나는 소리
천 년의 잠을 깨는 것 같아서
화들싹 귀가 열렸다

가던 걸음 멈추고
몸을 낮추니
이름 모를 풀잎들 날갯짓 소리
출근길 와글와글 풀벌레 소리
시퍼렇게 살아 있다

더는 흐를 수 없는 물일지라도
아래로 아래로 뿌리를 내리고
끝내는 푸른 몸으로 일어나는 것이어서
제아무리 하찮은 목숨일지라도
그만큼의 소리를 지니고 있었구나!

내 몸을 관통한 소리 따라
스르르 일어서는 바람,
캄캄한 길 뒤틀린 관절
유쾌한 소리로 일어설 수 있으려니
어둠 속 풀 한 포기라도 괜찮겠다

버려진 기타

언제부터였을까?
구석에 처박혀 쌓인 먼지
걸레로 박박 문질러 닦은 뒤
간신히 조율을 마치고 불러보는
거친 벌판으로 달려가자, 젊음에 태양을 마시자,
노래 한 소절이 끝나기도 전
팽팽히 당긴 기타 줄이 풀리고
보석보다 찬란한 무지개의 행방이 묘연한데
눈먼 걸음, 내 흰 지팡이 관절뼈 같은
삐걱대는 조임새만 고치면 될까?
기타를 이곳저곳 더듬고 두드려 보니
품고 있던 맑은소리가 새어나간
울림통 뒷면 틈이 너무 크다
한때는 팽팽히 빛나던 선율
이제는 녹슬고 풀려 버린 엇박자
너와 나의 노래는 끝난 것일까?
대뜸, 너를 주워온 쓰레기장이 떠오르지만

나는 꼬옥 끌어안고 일어서지 못한다
깨진 틈으로 새어나간 맑은소리처럼
내 눈동자엔 돌아올 수 없는 빛이어서
우리의 불협화음이 그냥, 노래가 될 때까지
너를 똑 닮은 나를 버리지 못한다

하모니카 소리

들숨 날숨 몰아쉬며
숨이 넘어가도록
땀을 쏟는 일이겠지

조금 짧게 매우 길게
조금 낮게 매우 높게
빨랐다 느렸다 쉴새없는 저 곡조
휘몰아치는 바람 탓에
온몸이 떨리는 소리겠지

때론 주체할 수 없는 눈물
때론 환한 웃음 짓는 것
숭덩숭덩 뚫린 몸이 아니면
불가능한 일이겠지

그래 파이고 뚫리지 않고서야
어찌 애달픈 곡조가 흘러나오겠어

그래 바람 찾지 않는 계곡에
어찌 아름다운 노래가 있겠어

아무렴 살아 있으니
멈출 수는 없는 노래지

그 여자의 종교

난치병 앓던 남편이
아이 셋 남겨두고 세상 떠나자
해장국 집에서 일하는 여자

몸 좀 생각하며 일하세요, 사장인 내 친구 말을 듣자
쪽쪽 빨던 뼈다귀를 내려놓으며
멀쩡한 몸뚱어리에 어린 새끼들인데
열심히 살아야지요, 열심히 가르쳐야지요,
꼭 주술을 걸듯 웃는다

창밖이 어두워질 때쯤
손님들 무리지어 가게로 들어서고
벌컥벌컥 국물을 들이켠 그 여자
식탁에 널린 뼈다귀와 뚝배기를 그러모아
주방 안이 자신의 성전이라는 듯
성큼성큼, 설거지하러 간다

잠시 후 가게 안 왁자한 소음을 헤집고
내 달팽이관을 파고드는
냄비 바닥을 박박 긁는 소리,
뚝배기들 문지르고 헹궈 엎어놓는 소리!

눈길

부르기만 하면
목소리 쪽으로 고개가 돌아간다

보이지 않는 내 눈을 잊은 것이 아니다

언제나 의식보다 먼저
돌아가는 얼굴, 열리는 눈동자
보여 주는 것이다

서로 마주치는 순간
환해지는 마음
한길이 되는 것이다

가끔은, 아무도 호명하지 않는
캄캄한 길
우두커니 별들을 한차례 바라보고 있을 때
깜박깜박 시린 눈동자

걸음마다 고인 그리움만큼
속속들이 젖은 눈동자의 오래된 습성이다

어느 숲

점자 수업 시간이 끝나자
종이접기 시간이란다

숱하게 부딪히고 넘어질 때마다
상처를 매만져온 손들
캄캄한 허공을 더듬어 가는데
쥐죽은 듯 누워만 있던 종이들
부스럭부스럭 몸을 일으키더니
여기저기 상쾌한 소리 들린다

기나긴 겨울잠 끝에 깨어난
개구리가 긴 다리에 힘을 주고 팔딱
우아한 학이 날개를 펴고 푸드덕
활짝 핀 어여쁜 꽃들까지
교실 안 숲의 향기가
창문 밖으로 서서히 번져가는데

잊고 있었다
어둠 속에서도 숲은
묵묵히 자란다는 것을
모르고 있었다
왜, 저 빌딩들이 숲을 향해
서서히 기울어져 가는지

대문

힘껏 밀친 대문
크르렁 신음을 토했다

군데군데 갈라진 녹
문 앞에 쌓인 낙엽 위에 떨어졌다

온몸이 으스러져 가도
그 자리에 변함없이 서 있기란
얼마나 힘겨운 일인가

닫혀 있을 때, 열려야 할 때
언제나 잘 알고 있으니
고마운 일이다

대문을 닫고 돌아서는 순간
발밑에서 뿌드득뿌드득하는 소리

아, 세월의 각질들!

아이가 아빠를 키운다

아빠 식사하세요
밥때만 되면
아이의 목소리 들린다

자식이라고는 단 하나
고작, 초등학교 3학년
생일이 빨라서 3학년이지
이제 아홉 살짜리다

밥상에 앉으면
이건 김치, 빨개요
요건 된장찌개, 뜨거워요
두 눈이 안 보이는 아빠를 위해
제 입에 밥알이 어찌 되든지 말든지
오른쪽에 뭐 왼쪽에 뭐
아이의 입은 바쁘다

요란한 밥상이 물러나면
커피는 두 스푼
설탕은 한 스푼 반
크림은 우유가 좋다며
책상 앞에 앉아 있는 내게
깡충깡충 커피를 가져다 준다

아홉 살짜리 아이가
아빠를 키운다

연탄구이 집에서

밥벌이 끊어진 지 오래
대책 없는 하루하루
숯등걸이 된 내 속
거푸 들이켠 소주에 달아오를 때쯤
— 식탁 가운데 박힌 화덕
— 온몸이 시뻘게진 연탄
— 숭숭 뚫린 구멍마다 파란 불꽃

기억 속에 선명한 연탄이, 그 연탄이
나도 기나긴 세월 어둠에 갇혀 있었다고
화끈, 지글지글 어찌나 우렁찬지
두 귀가 먹먹해지고
시커먼 내 몸뚱어리에도
구멍이 열댓 개쯤은 뚫려야
한 번쯤 세상을 익혀낼 수 있겠지

막 들이켜려던 술잔을 내려놓고

휘청거리는 중심을 고쳐잡으며
연탄구이 집을 나설 때
슬그머니 일어난 파란 불빛이 뒤를 따랐다

개봉역에서

십여 년 전, 개봉역
출근 바쁜 사람들 속에서
내 두 눈은 서서히 닫혀갔다

복잡한 역광장, 개봉약국
원기회복제 맛은 여전하고
약국 문을 밀고 나서니
오 분마다 만원 버스
십이월 한풍 속을 향한다

이내 전철이 멈춘 개봉역 플랫폼
쏟아진 발소리 뒤엉키고
꽉 막혀버린 삶이 견딜 수 없을 때
수시로 개봉開封을 떠올렸던 것처럼
저 틈 속에서도 누군가는
찬란한 개봉을 생각하는가

소멸한 빛이 던지는 소리 따라
열린다, 보이므로 간과했던 감각들
내딛는 발걸음마다
속속들이 환해지는 땀구멍만큼

소요 속으로

몇 차례 떠나보낸 소요산 행
일단 올라탄 열차
종착역이 바뀐 거라고 한다

그제야 마음 놓고
빈자리에 앉아 있자니
칭얼대는 아기를 어르는 소리
싱그러운 연인의 웃음소리
그렁그렁한 노인의 목소리
보따리상의 쉰 목소리

열차는 소요산에 이르기 전
이미 온통 소요다

열차의 문이 열리고 닫힐 때마다
한 무더기씩 소요를 부려놓고
또 다른 소요를 싣고 달리는데

문득 소요산에 이르면 소요가
거대한 산, 말을 버린 고요가 될까?

나는 늘 회기역에 내린다

제2부

손가락 끝에 박힌 눈

깨진 유리컵에 베인 손가락
점자책을 더듬을 때 아파서
며칠째 한 페이지도 넘어가지 못한
내 손가락 끝에 박힌 눈

본 적 있다 이맘때쯤, 그 봄날
베인 상처를 파고드는 소독약에
자르르 퍼지는 통증처럼
한나절 봄비 내린 후
대지에 돋아나던 새싹들
그 푸른빛의 살점들

떠오르는 햇볕 한 줌이라도 더
부서지는 저녁놀 한 줌이라도 더
동공 속에 담으려다가 끝내는
두 눈처럼 꽉 닫혀버린 창문 밖
저 나뭇가지에 앉아 재잘대는 새들처럼

저마다 소리 내고 만져지는 건
그만큼 통증을 삼킨 상처다

거기서 솟아오른 살점들이다

나는 열 개의 눈동자를 가졌다

직접 보지 않으면
믿지 않고 살아왔다

시력을 잃어버린 순간까지
두 눈동자를 굴렸다

눈동자는 쪼그라들어 가고
부딪히고 넘어질 때마다
두 손으로
바닥을 더듬었는데

짓무른 손가락 끝에서
뜬금없이 열리는 눈동자

그즈음 나는
확인하지 않아도 믿는
여유를 배웠다

스치기만 하여도 환해지는
열 개의 눈동자를 떴다

빛의 경전

점자책을 펼치니
와르르 쏟아진다
놀란 가슴 쓸어내리며
흩어진 점자를 더듬어 가는데
들려온다, 별들의 이야기

팽팽한 점자처럼 별들도
광활한 우주 속에서
제자리를 지키며 빛나고 있기에
거대한 경전을 읊는 것이라고,

아무도 찾지 않는 어둠 속
비루한 생활의 문을 열고
한 발짝 한 발짝 내딛는 삶이
빛나는 경전을 집필하는 것이라고,

밤새 소곤대는 별들을 따라 걷다 보니

짓무른 손가락 끝이 화끈거리고
어깻죽지 목덜미가 뻐근하지만
몸속에 알알이 박힌 별들 탓일까?

창문 너머 별빛 점자를 찍어가는
가파른 새벽 발소리
맨홀 속 은하수, 물소리도 환하다

엠보싱 로드(embossing road)

1

00보험회사 생활설계사
법적 2% 장애인 의무고용 직원인 그 여자
멀쩡한 사람들도 힘든 길이라고 염려하지만
여자는 도드라진 길바닥만 골라 발바닥을 문지르며
걷는다, 활짝 웃으며 명함을 내민다

2

그 여자의 명함은 각진 모퉁이가 깎인 시간만큼
둥글어진 생활이 알알이 박힌 길이다
문전박대를 당하는 철인鐵印 같은 요철 사이에서
참담한 압력의 통증을 견딘 만큼
생의 고운 무늬가 도드라진 길이다
한 발짝 한 발짝 걸음을 옮길 때마다
콘크리트벽이 뚫리며 이어진 길이다
그즈음 먹구름을 젖힌 햇살이 쏟아지고
열여섯에 부풀어 오르던 젖가슴처럼

싱그러운 꿈이 환해진 엠보싱 길이다

3
그 여자, 진종일 콧노래를 흥얼거리며
고층아파트 계단을 펼친 저녁 무렵
엠보싱 길을 둘둘 말고 집으로 돌아와
퉁퉁 불은 젖가슴을 물린 아기 기저귀를 갈며
씩씩한 손으로 궁둥이에 묻은 아기 똥을 싹싹 닦는다

외포리에서

두 눈이 멀기 전
기억 속 어디쯤, 외포리에 서 있다

여전히 갈매기 떼 울고
짭조름한 바람, 입가에서 끈적이는데
세상 중심에서 튕겨 나와
만취로 뒤집히는 생의 구토처럼
서녘 하늘 또한 온통 붉을까

아랑곳없이 몽땅 삼키겠다는 듯
야금야금 다가오는 파도소리
그래, 저 밀물이 썰물이 될 때까지
견뎌야 하는 숨가쁨이 삶이려니

밀물 썰물 질펀한 뻘밭
지상의 외곽, 외포리
연이어 별똥별 몸을 던지는

여기도 엄연한 우주의 중심이다

검은 꽃

빛이 사라졌다
침대를 둘러싼 발소리
말끔히 빠져나간 병실

유리창으로 쏟아지는
햇살이 찔러대도
열리지 않는 두 눈동자
나의 어둠이 단단했다

도무지 한 치 앞을 몰라
흰 지팡이 따라나선 길
이제는 끝이구나! 주저앉아 버렸을 때
코끝을 찌르는 독한 향기

얼떨결에 뻗은 손
손가락 끝에 닿는
가느다란 꽃대 끝 꽃 한 송이,

어둠을 움켜쥔
뿌리의 힘!

눈물꽃

쪼그라든 눈동자
지워져 버린 얼굴들
떠오르지 않아서 피는 꽃
발목을 걸어대는 턱
유도블록 끊어진 길
암담해서 피는 꽃
밥벌이 나선 몸
가택연금으로 몰아가는 세상
참담해서 피는 꽃
살그머니 잠근 골방
머리를 찧어대는 시멘트벽
검붉게 터지며 피는 꽃
똑똑똑, 아빠! 아빠!
나를 일으키는 맑은 목소리

그때마다 후두두 지는 꽃

낙동강 하구에서

내 몸뚱어리도
넘어지고 부서지며 흘러왔다는
양비론을 말할 수 없다

수천 리 달려와
바다로 안겨가는 강물마저 붙잡지 않은 채
우거진 갈대 우우 울어댈 때면
철새 떼 덩달아 날아올라도
강은 강으로만 살아간다고 하니
저 얼마나 빼어난가

죽겠다 살겠다 말도 많은 세상사
더는 호들갑 떨지 말라는 듯
드넓은 가슴 확 풀어헤친 채
햇볕을 끌어안는 낙동강 하구

푸르디푸른 물이 깊다

해돋이

밤새 가족들 이야기꽃 피울 때
이 방, 저 방을 뛰어다니던 딸내미
이른 아침 책가방을 열었다

한참을 엎드려 그림을 그리더니
이윽고, 삼백육십오일 햇볕이 들지 않는
산동네 지하방 문과 벽마다
시뻘건 해가 둥실둥실 떠올랐다

가족들 얼굴에 웃음꽃이 피어나고
나는 저녁 노을빛 얼굴이 되어
한 장 두 장 떼어 구석에 쌓아 놓는데
어머니는 두고 온 고향 앞바다에서
경건히 해를 건져 올리듯
두 손으로 제자리에 그림을 붙여 놓는다

한해가 열리는 설날 아침

할머니와 손녀가 한마음으로 차올리는,
찬란한 저 해돋이라니!

먹구름

햇살이 튕기고 있었다

곰팡내 가득한
골방 밖에서 발을 구르며
단단한 벽을 어루만지던
햇볕!

두 눈이 닫히지 않았다면
눅눅한 벽 반대편 온도
손가락 끝이 몰랐을 것이다

두 귀가 열리지 않았다면
미세한 소리조차 받들어 모시는
어둠의 내력을 몰랐을 것이다

꽉 닫힌 창밖엔 지금,
굵은 빗줄기

길디긴 장마지만
슬픔을 껴안은 먹구름 위에는 있다

쉼 없이 빛나는 향기는

열쇠를 잃다

주머니를 뒤지는데
열쇠가 없다

뜯어진 안주머니
내 몸속 단단한 실밥이
풀리기 시작한 건 언제부터인가

수년 전, 두 눈을 잃어갈 때
병원을 데리고 다니던 지인들
가족을 돌봐준 친구들
그들이 나의 열쇠였다

하지만 지금,
나는 혼자이고
문은 잠겨 있다

따뜻한 집 문을 열 수가 없어

굳게 잠긴 문밖에 갇혀 있다

언제나 딱 맞는
열쇠인 적이 없었던 나는
으슬으슬 떨고 있는 수인이다

낙하의 힘

모든 것은 때가 되면 떨어지고
떨어지는 그 힘으로 우리는 일어선다

그때도 그랬다 천수답 소작농
시도 때도 없이 떨어지는 쌀독
수백 미터 갱 속 아버지의 곡괭이질
시래기 담은 대야를 이고 눈길을 헤치던 어머니의 힘
으로
우리 형제는 교복을 입고
김이 오르는 밥상 앞에 앉았다

어느덧 딸내미 책가방도 무거워 가는데
느닷없이 캄캄해진 내 눈동자
떨어지고 떨어지는 살림 탓에
나는 익숙지 않은 흰 지팡이를 펴고
늘 시큰둥한 면접관을 만나러 간다

떨어지는 힘으로 제자리를 잡는 일
우리가 사는 일 뿐은 아니어서
꽃봉오리, 꽃잎이 떨어지는 힘으로
열매가 익어 떨어지고, 땅은 씨앗을 품듯
떨어진 이파리가 겨울나무의 발목을 덮어주며
기꺼이 썩는 열기로 봄은 돌아오는 것

보라, 떨어지는 별들의 힘으로
구천을 떠돌던 영혼들이
하늘에 내어준 빈자리에 자리를 잡듯
그 순간, 별똥에 비는 것도
다들 낙하의 힘을 믿기 때문이다

흰 머리카락

검은 머리카락 뽑는 것이 빠르겠다며
곁에서 일어난 딸내미가
방바닥에 널린 옷들을 그러모아
세탁기 앞으로 걸어간다

두 눈이 멀기 전 거울에 비친
탱탱한 피부와 새까만 머리카락만 기억하고 있지만
세월은 속절없이 흘러
비루한 자국만 남겼나 보다

꾸륵꾸륵 목구멍을 훑어대듯
하수구를 관통하는 저 물소리
그래, 매번 옷 갈아입는 것이 삶이어서
빨고 빨다가 탈색된 옷들처럼
희멀게진 생은 어쩔 수 없다고 치자

어디 세상에 변한 것이

내 몸뚱어리와 머리카락뿐이랴?
안방을 차지한 텔레비전을 기어 나와
달팽이관을 후벼대는
뉴스 속 저 검은 말들

차마 볼 수 없을 만큼 변해버린 것들에 대하여
어느 날 아침, 보이지 않는 두 눈이
번쩍 떠지지나 않을까 두려울 때가 있다

죽

느닷없이 두 눈 잃어
죽을 둥 살 둥 술 퍼마시고
빗속에서 청승 떨다
자리를 깔고 드러누웠다

오들오들 떨리는 몸
입맛마저 뚝 떨어진 내게
어머닌
독한 약으로 몸살을 다스려야 하는데
빈속 상한다고 죽이라도 먹으라 했다

마지못해 뜨거운 죽만 퍼먹으며
이불을 싸매고 있다가
사흘째 접어드는 아침녘에
자리에서 일어났다

모처럼 집을 나선 길

변한 것 하나 없이 캄캄하건만
낯선 바람, 쏟아지는 햇볕에
온통 죽을 맞이던 세상이
은근히 살맛이 나게 느껴지는 것인데

내 몸속에서 식은 죽이
펄펄 끓기 시작하는 것이었다

제3부

꽃은

달동네 골목길 담벼락
겨울개나리

꽃바람을 일으킨다

혹독한 한설
더는 꽃맘을 관장할 수 없다

꽃 향에 기겁한
넋 나간 찬바람과 함께
삶에 대한 지독한 관념은 가라

꽃은
움켜쥔 어둠만큼 빛나는 것

아무리 단단하게 응어리진 한도
거기가 어디든

뿌리를 뻗는다

새터

검은 먼지 휘날리고
검은 물 흐르고
검은 해 떠오르던
이곳을 새터라고 불렀어

새로 전학 온 아이
새로 이사 온 아낙
새로 사 입은 옷
모두 금세 헌 것이 되는데
우리는 이곳을 새터라고 불렀어

밤낮없이 동네 아줌마들
헌옷 빨래를 해댔고
이 잡듯이 동네를 뒤져 봐도
새것이라곤 찾아낼 수 없었던
이곳을 새터라고 불렀어

수백 미터 갱도 안에서
달빛 아래 몰려나온
동네 아저씨들이 역 앞 점방에서
새터의 꿈은 막걸리에 익어갔으니

이곳이 새터는 새터였나 봐
나도 그렇고
내가 아는 사람들도
여전히 다 새터라고 부르지

단풍나무

끝을 알고 가는 길이라면
얼마나 싱거운 일인가
온몸이 벌게진 채
한 잎 두 잎 살점을 내려놓는
단풍나무 너는, 온전히 가을이다

한때는 꽁꽁 언 세상을 향해
연초록 입술을 삐쭉거리던
해맑은 모습도 있었다
한때는 달궈진 세상을 식혀볼 거라고
격렬히 나부끼던
시퍼런 시절도 있었다

산다는 것이
어차피 다 내려놓기 위한 발버둥처럼
허무하기 이를 데 없는 뻔한 길이라고들 말하지만
오늘 아침, 곳곳에 흩어놓은

아찔한 피비린내가 없었다면
저 바람도 따라오지 않았으리니

비로소 나도, 기쁘게 가을이다

생방송

연말연시 불우이웃돕기
텔레비전 프로그램을 본다

짜디짠 눈물 없이는
나눔은 멀어질 것이어서
사회자가 소개하는 출연자
하나같이 신파다

먹먹한 사연이 끝나고
이어지는 출연자 소녀가장
사회자: 올겨울 추위를 어떻게 해요?
소녀: 연탄불 구멍을 열면 돼요.

일순, 당황한 사회자
내내 얼어붙어 있던 방청석도
연탄 불꽃 돋아나듯
파릇파릇한 웃음꽃 터뜨리는

그야말로 화창한 봄

싱그러운 生(방송)이 된다

긴 침묵

대갈장군이라는 별명을 가진 그 아이는
땅바닥만 보고 걸었다
우리가 학교에 가는 아침이면 그 아이는
논둑에 쭈그리고 앉아 이슬을 보면서 맑게 웃었고
우리가 학교에서 돌아올 무렵이면 그 아이는
잠자리 날갯짓을 흉내 내기도 하였다
그때마다 돌멩이를 던져대던 우리가
그 아이의 머리가 무겁지 않다는 것을 알게 된 건
그 큰 머리를 번쩍 들고 저수지로 뛰어든 뒤부터였다
서울에서 놀러 온 여자아이를
악착같이 저수지 물 밖으로 밀어낸 뒤부터였다
그날 이후, 어느 누가 먼저 말을 한 것도 아닌데
우리는 저수지와 먼 곳에서 놀았고
저수지를 빙 돌아 먼 길로 학교에 다녔다
여름이 되면 갈라지는 논바닥 때문에
동네 어른들이 양수기 호스를 저수지에 담그며
간간이 혀를 찼을 뿐 우리는 머리가 다 굵어지도록

그 아이에 대한 그 어떤 말도 꺼내지 못했다
보름달을 삼키고 말이 없는 저수지처럼
썩지 않을 침묵을 오랫동안 일관一貫하였다

놓고아줌마

이곳저곳 떠돌 때
정착할 수 있다는 이유 하나만으로
첩실 노릇도 마다치 않다가
떡 하니 술집 간판 내걸었다

지서장, 면장, 남정네들
야들야들한 손목 잡아당겼고
그때마다 놓고, 놓고,
목소리 간드러지다고 소문났다

숱한 아픔 참아가며 지어놓은 자식 농사
가을걷이 때 본가에서 거두어 갔고
그 곱던 손등에 검버섯 피니
손님도 끊겨 간판 내린 지 오래

머리 큰 자식들 제 어미 아니라며
아무도 찾지 않는데

행여 행여 기다리며 산다

아이의 나눗셈

숙제를 하던 딸아이
나눗셈을 하는데
자꾸만 하나가 남는다고
차라리 불쌍한 사람에게
그냥 줬으면 좋겠단다

찬찬히 문제를 듣고 보니
친구들과 문구를 사고
홀수로 남는 돈을 소수점 값으로
정답을 요구하는 문제다

근엄한 목소리로 이렇게 요렇게
정답 구하는 요령을 알려주고
딸아이가 문제를 푸는 사이
여태껏 지내온 세월을 돌이켜 보니
내 삶도 정답이 똑 떨어지지 않았던 홀수가 아닌가

하루하루 낑낑대며 풀어놓았던
지난 삶의 답안지를 펼쳐놓고
다시금 천천히 검산을 해보는데
하나가 부족한 것이라고 말할 뻔한 입을
얼른 닫은 것이 천만다행이었다

손수레 엄마

어설픈 희망으로 브레이크를 걸지 마세요

오늘 한 포대 주워온 빈 소주병 같은
헌 옷들을 줍습니다 다림질하듯
버려진 폐지를 다반사로 펼치고 묶습니다
언젠가 문앞에 쌓아 두었다가 소나기에 엉망이 된
종이 상자를 닮은 살림을 꾸립니다
저녁이면 소금꽃 핀 얼굴로 돌아와
시커매진 형광등을 갈아 끼우고
식은 찌개 냄비를 가스레인지에 올립니다
투병 중인 눈먼 아들 입꼬리가 올라가는
훈훈한 방바닥, 미역국 때문에
가끔은 밤에도 손수레를 끕니다
애당초 먼 훗날의 꿈과는 관계없는
생활입니다 깨진 병에 손을 베인 상처가
아물 틈 없이 이마의 주름 같은 골목을 뒤집니다
얼마 전엔 쇳덩어리 싣고 고장 난 손수레처럼

등골이 휜 폭삭 늙은 할머니,
깊은 밤 쪼그라드는 몸을 둥글게 둥글게 말아
캄캄한 우주 속에서도 덜컹덜컹 바퀴를 굴리며
골골골 찌개를 끓이는 재활용 요리 전문가

엄마는 스물네 시간 자전하는 지구입니다

푸른 뼈

동해를 딛고 선 산 중턱
스무 해가 넘은 아버지 묏등을 허문다

살점 하나 없어도
여전히 지상에 남아 있는 노동인 듯
차마 썩지 못한 단단한 뼈

가난을 짊어지고 등골이 휜
아버지의 혹독한 일생을 생각하며
부드러운 솔로 흙을 털어낸 뒤
불길로 태우고 곱게 빻은 뼛가루
한 줌 한 줌 산꼭대기에 흩어놓으니
하늘이 대신 알고 빗방울을 떨어뜨린다

황토와 빗방울에 섞인 뼛가루
산길에 찍힌 발자국들
주춤주춤 그러모아 바다로 흘러갈 때

먹구름 지나간 하늘 골똘히 높아가고
모가지 길게 빼고 구경하던 나무들
여지없이 그렁그렁 푸르다

탕탕이

해지는 줄 모르고 온 동네를 털어대던
탕탕탕 소리만큼 알부자였던
방앗간 집 맏아들 탕탕이
동네 아이들 놀고 있으면
번지르르한 옷에 멋진 운동화 신고 나타나
줄줄이 사탕 흔들며 아이들 죄다 엮어서
대장 노릇 도맡았던 탕탕이
삼십 년 만에 참석한 동문회에서
한 입만, 한 입만, 하며 쫓아다니던 친구들이
탕탕아, 탕탕아, 부를 때 술잔만 비우다가
갑자기 화를 내고는 집으로 가버렸다
이유를 몰라 친구들에게 물었더니만
어릴 때 그 모양 그대로인 방앗간 주위로
휘황찬란한 모텔, 카페들이 들어섰다는 것인데
그러니까 방앗간 기계 소리 시끄럽다고
허구한 날 민원에 시달리고 있다는 것인데
이놈의 세상이 망해 자빠질런가

굴러 온 돌이 박힌 돌을 파내려 한다고
연일 핏대를 세우고 탕탕탕, 탕탕탕,

온 동네를 털고 다닌다는 것이었다

항해

다대포 바닷가
꼼장어구이 집 방문 앞
신발들이 뒤엉켜 있다

에라 모르겠다 벌러덩 드러누운 놈
날씬한 뾰족구두에 치근대는 놈
물끄러미 정문만 바라보는 놈
짓밟혀 일그러진 놈
그야말로 아수라장

한껏 목청 높이던
젓가락 장단 끝이 나고
사람들 한 무더기 자리를 털고 일어서자
다대포 앞바다 소리가
창 너머로 아득하다

연방 지글대는 꼼장어 안주 삼아

슬며시 소주 한 잔 들이켜고는
가만히 생각해 보니
잠시 정박했던 배들이
푸른 바다로 떠난 것이었다

그 순간, 꼼장어구이 집 안으로
환한 웃음 실은 만선滿船들이 쏟아져 들어온다

거짓말

생선장사 마지막 날입니다
내일부터 채소장사 합니다
공짜에요, 공짜, 목청 높이는 바람에
동네 아줌마들 우르르 몰려갔단다
그런데 다음날 또 그 다음 날도
동네 상가 앞에 푸른 바다 펼쳐놓은 듯
떡 하니 진을 치고 생선을 팔고 있다는 것인데
그 총각 여전히 채소장사 운운한단다

저녁 무렵, 귀갓길
무심코 생선트럭 앞을 지날 때
총각, 이놈이 물 좋나? 저놈이 물 좋나?
동네 아주머니들 까르르 까르르 웃어대며
트럭 위에 싱싱한 생선을 고르는데
허허실실 응수하는 총각의 능청도 능청이거니와
연방 파릇파릇한 향기 뿜는 풍광이
꼭 채소장사 같기도 한 것이었다

어리연꽃

만나기도 어렵지만
눈 한 번 마주치려면
꼭 무릎을 꿇게 하는 꽃

반가운 마음에
황급히 허리 숙여 인사하면
주머니에 담긴 것 쏟게 하는 꽃

한참을 보고 있노라면
변함없는 아집들마저
어리어리 흔들어 버리는 꽃

늘 낮은 곳에서
보일 듯 말듯 살아가는
저 키 작은 어리연꽃

제4부

산부인과 병동

자궁이 열렸습니다.
배가 많이 아프지 않나요?
전 괜찮아요.
몇 시가 좋다고 들었거든요.
의사가 웃는다.
아기의 마음이지요.
간호사가 다가온다.
정해진 시간이에요.
자, 힘을 주세요.
안 돼요. 지금은 안 돼요.
가랑비가 그치고, 무지개가 떠올라야 해요.
네, 네, 보이네요.
그러니 힘을 주셔도 돼요.

분만실 문 앞에는
긴장한 얼굴들이 웅성거리고
아기 울음소리가 터지자

산부인과 병동 창 밖에
무지개가 떠오른다
그 사이, 산부인과 병동 정문에는
배부른 여자와 남자가 손잡고 들어서고
그 문이 닫힐세라
강보에 싼 아기를 끌어안고
환하게 웃는 가족이 걸어나간다

봄비 1

쉿
봄비
봄비 오신다

꾹
견뎌왔던
눈물을 흘릴 때야
짜릿한 전율이 일지 않던가

세상에나
언 땅을 헤집는
저 은근한 힘을 좀 봐

젖어도 되겠는가

들릴락 말락
봄비

저
봄비 오신다

봄비 2

밭고랑만 엄청시리 파댕기던
울 할머이

하늘에 가갔꼬도
요실금 치료 몬하신나

울 할머이 요실금
봄이문 꼭 빙이 돋았데이

에고에고 얼메나
견디기 어려우셨을까

저 빗방굴에 내 고향 촉촉이 젖어들문
지천으로 널린 꽃낭그
또 꽃봉오리 터뜨릴 텐데

흐느적흐느적

아찔한 저 낙화

고마, 홀러덩 다 벗어뻴고
확 젖고 싶데이

무화과나무

꽃이라고
다 떳떳이 피는 것은 아니다

행여 몰골이 흉하거나
수줍어서 숨은 것도 아니다

찬찬히 살펴보면 안다
저주받은 삶일수록
얼마나 집요한 번식욕을 지녔는지

나를 한 번이라도 올라 본 이는 안다
딱딱한 팔다리와 뼈다귀를

내 몸뚱어리에 매달려서
속부터 벌겋게 익어 버린 열매를
그저 달다고만 하지 마라

쉬이 드러내지 못한 삶이 삼켜온 건
이제 막 뻗은 잔가지마저 굳어버릴
지독하게 쓴맛이다

집

아이가 자랐다 현관문 밖에서
나를 본다

나도 그랬다 울타리 밖에서
아버지를 보았다

마음과 몸은 떠돌았고
힘없이 사립문을 밀고 들어설 때
다시는 들어오지 말라고 윽박지른 아버지

세상을 떠나셨다

벗어나려고 발버둥쳤던 집
텅 빈 듯 그렇게 넓어지고서야 비로소
방 안 벽마다
얼룩진 땀 냄새를 알게 된다

아버지
늦은 밤, 슬그머니 문고리를 풀어놓았듯
나도 잠금장치를 풀러 간다

나무 생각

한계령 절벽을 기어오르는 단풍나무
나도 따라 오르네

풀린 다리, 흠뻑 젖은 몸
잠시 걸터앉은 그루터기에
옹이 빠진 찌그러진 나이테 몰골이 흉하네

나뭇잎들 골고루 받들어 살핀 생각
오롯한 테를 만들기도 하였지만
한쪽으로만 떠받든 생각
옹고집 박힌 찌그러진 테를 만들기도 하였네

오로지 단풍 걸음을 쫓는 동안
산 중턱 햇덩이가 된 얼굴,
내 몸뚱어리 굵은 둥치에도
찌그러진 나이테 옹이들이 박혀 있네

바위틈을 비집는 뿌리처럼
사방팔방 뻗은 가지 끝에서
끝내 까마득한 절벽 아래로 손을 놓는
장엄한 저 단풍잎 수화!

갈바람 가만가만 귓불을 스치며
발아래 짙푸른 바다를 보라는 듯
깊은 골짝 가득한 물소리도
와, 와, 떨어지는 단풍잎을 끌어안네

간절곶

모퉁이를 급히 꺾자
소독약처럼 핥아대는 파도에
바위들이 하얀 거품을 물며
움푹 파인 포구가 끓고 있다

몸 한 귀퉁이를 들어낸 듯
훤히 드러난 뼈와 뼈 사이
무슨 간절함이 더 남아 있어
살랑살랑 이는 바람에도
내 뼈마디가 시린 걸까?

한참을 귀 기울이니
두 귀가 먹먹한 신음
꼭 숭고한 자궁의 본능같이
멈추지 않을 여인의 노래

연방 날아오르는 짜디짠 통증

한 아름 품고
집으로 돌아가는 길
당신께 드릴
철분제 한 통 사야겠다

옹이 자국

막 들어선 일주문
부처님이고 사리석탑이고 뒷전일 뿐
대청마루만 떠오른다

일행들 법당으로 향하고
나만 슬쩍 궁둥이 걸치려는데
손가락 끝에 박힌 눈과 마주친
뻥 뚫린 옹이 자국 하나

낙락장송 밑동 잘린
그날의 아픔마저 해탈한 듯
외눈을 부릅뜨고 속세를 보고 있었나니
놀란 시선 어디다 둘까 몰라
멀뚱멀뚱 마룻바닥만 문지르고 있을 때
아니, 이건 또 무옌고?

굵은 생의 결을 따라가다 보니

서서히 대청마루가 환해지며
또렷하게 들리는
추녀 끝 풍경소리

댕그랑 댕그랑 소리에 발맞춰
솔 우거진 하산길을 향할 때
자꾸만 뒤통수가 따갑고
솔 이파리 돋아나듯 온몸이 간지럽다

묘박

부산항 앞바다
컨테이너 가득 싣고
정박을 기다리던 배들

황급히 뱃고동 울리고 있다

곧 닥쳐올 태풍 소식에
어딘지 모를 항구를 향하여
망망대해로 뱃머리를 돌리는 것이다

시퍼런 바다
갈라지고 뒤집히며 부서지는
저 항해를 보라!

길은 멈추는 순간, 파문처럼 사그라지는 것이어서
정박을 향한 끊임없는 저 몸부림은
평생일지 모른다

등짐 부린 부둣가 배들도
쇠말뚝에 꽁꽁 묶여
점점 멀어지는 뱃고동 쪽으로
온몸 뒤틀며 안간힘을 쓰고 있다

새벽비는 그치고

시치미 딱 떼듯 말끔해진 골목길
튕겨 오르는 햇볕을 밟고 가다
간밤에 떨어진 눈물이 떠오르는 거야

새벽녘, 창문 너머
평평 울어대는 하늘에
누구나 그만한 멍 하나씩
가슴에 품고 사는 거 아니겠느냐고
넌지시 말을 건네 보았거든

아마 그럴지도 몰라
한세상 산다는 건
남몰래 흘린 눈물 자국 지우기 위해
딱 그만큼의 햇볕을 만들어 가는 거

아마 그럴지도 몰라
한세상 산다는 건

썩지 않을 아픔 하나씩

가슴 속에 꼬옥 끌어안고

아무렇지 않은 듯 발걸음을 내딛는 거

표본실에서

장수하늘소 말똥구리 풍뎅이 나방 매미 나비 잠자리 메뚜기 귀뚜라미
그리고 이름 모를 곤충들
저마다 가슴에 대못 하나씩 박힌 채
커다란 유리 상자에 갇혀 있다

그런데 어라!
자기들이 알면 얼마나 안다고
두 눈을 시퍼렇게 부릅뜨고 창밖을 뚫어지게 보고 있단 말인가

언제부터 노려보고 있었을까?

부엉이 매 꿩 앵무새 까마귀 까치 오리 닭 토끼 족제비 노루 사슴
그리고 이름 모를 동물들
저마다 마룻바닥에 발목이 묶인 채

부릅뜬 눈들이 시뻘겋다

창밖에 햇살
자꾸만 돌아보며 멀어지는 와중에도
한쪽 구석에
눈 질끈 감은 개구리 한 마리

두 다리 쭉 편 채 늘어지게 자고 있다

구원救援

다리 위 난간에서
고개를 처박은 채
뚫어져라 내려다본 시냇물

일순, 물이 흐르지 않는다

다리가 휘청, 아니
내 몸이 흔들린다
세상이 돈다

중심이라고 믿어 왔던
삶의 무게가
무너진다 허물어진다

저 물에 떠밀려
산이 들판이 하늘이
아니, 엄밀히 말하자면

통째로 휩쓸려 간다

바로 그때
시냇가 돌 틈마다
힘겹게 밀어 올린 꽃대 위
동그란 민들레 꽃, 꽃씨들이
일제히 날아오르지 않았다면

□ 발문

부정적 사건에 대한 능동적 변용

황규관(시인)

믿음

 손병걸 시인을 처음 만난 즈음은, 서로가 쓸쓸했고 변두리였다. 이렇게 말하고 나니 지금 사는 꼴은 햇볕이 가득 밴 창가에 느긋하게 앉아 있는 화초 같은 인상을 줄지도 모르겠다. 예나 지금이나 우리는 경제적으로 가난하고 심리적으로 외롭지만, 영혼이 삐쩍 마르는 것만은 한사코 거부하고자 하는 바로 통하고 있다. 손병걸 시인의 생활과 내 생활에는 정도의 차이는 있겠지만 본질적으로 크게 다르지는 않을 것이다. 물론 나는 이 '정도의 차이'에 꽤나 민

감한 편이다. 그렇지만 시인과 내가 각자의 방식대로 어둑한 변두리에 속한다는 사실에 대한 믿음만큼은 크게 달라지지 않을 것이다. 손병걸 시인의 시를 처음 접하게 된 계기는 인터넷을 통해서였다. 인터넷이라는 물건의 특징 중 가장 도드라진 것은 공간적 차이를 전혀 느끼지 못하게 한다는 점. 그러나 그 특징이 유발하는 정반대편에 사람의 인연이 갖는 몸적 감각에 대한 지극한 공허가 자리잡고 있다는 점. 기술 문명에 내포된 이 난처한 딜레마에 대해서 나는 아직 또렷한 입장을 가지고 있지 않다.

너나 나나 쓸쓸했던 동무 몇 명이 먼저 모여 인심 좋은 술잔을 기울이고 있을 때 손병걸 시인은 그의 길잡이인 친구와 함께 어둑한 주점에 들어섰다. 검정 선글라스를 낀 채 지팡이를 더듬으며 오는 그의 첫 모습을 보고 나는 정체 모를 막막함에 금세 휩싸여 버렸다. 시 나부랭이를 쓴다는/쓰겠다는 사람들 중에서 그와 같은 이를 처음 봤다는 사실에 놀란 것이 첫 번째 심정이었고 그 놀람으로 인해 마냥 편안했던 내 자세가 흔들렸다는 게 그 두 번째였을 거라고 정리된 것은 물론 훗날의 일이다. 갑작스런 상황에 대해서 대범치 못해 한동안은 마음이 경직되는 게 천성이어서, 나는 그날 시인 앞에서 쭈뼛거릴 수밖에 없었지만 우리는 그 후 몇 번의 술기운을 더 빌었던 것 같다. 그러면서 나는 이이가 후천적인 장애를 맞았으며 이 후천적인 장애 앞에서 몸부림치고 있다는 것을 어렵지 않게 알아차릴 수 있었다.

그러던 어느 날 손병걸 시인은 홀연 부산으로 거처를 옮겨 버렸고, 나는(아니 우리는) 정기적인 술자리에서 부재 중인 그에 대한 이야기를 나눴던 것 같은데, 그게 무슨 내용인지는 기억이 나지 않는다. 다만 시인은 부산으로 내려가기 전 어느 술자리에서(정말 그때 우리는 술자리에서만 얼굴을 보았다. 물론 지금도 역시!) 나에게 소리를 버럭 질렀다. 내 아는 척이 싫었던 것이다. 지금에서야 이렇게 말하면 실례가 될지 모르겠지만 그게 자신의 울음이었음을 고함을 듣는 순간 느낄 수 있었고 실제 시인은 그날 펑펑 울었다. 미안하지만 나는 타인의 울음 앞에서는 절대 따라 울지 않는다. 까짓것, 울으라지. 울음이 제게만 있나? 지상의 모든 울음은 제각각의 색깔을 가지면서 동시에 또한 깊은 공통감이 있다. 그래 울어라, 울어. 실컷 울어라!

어떻게 시인과 내가 다시 만났는지는 잘 기억이 나지 않는다. 그만큼 우리는 별 사이가 아닌지도 모르겠고 그만큼 우리는 자연스러운 관계인지도 모르겠다. 순전히 내 생각이다. 부산에서 개털이 되어 이 화탕지옥에 다시 올라오기 전에 그는 부산일보 신춘문예 입선이라는 희소식을 알려왔다. 이번 시집에 실린 「항해」라는 시가 그것이다.

다대포 바닷가

꼼장어구이 집 방문 앞
신발들이 뒤엉켜 있다

에라 모르겠다 벌러덩 드러누운 놈
날씬한 뾰족구두에 치근대는 놈
물끄러미 정문만 바라보는 놈
짓밟혀 일그러진 놈
그야말로 아수라장

한껏 목청 높이던
젓가락 장단 끝이 나고
사람들 한 무더기 자리를 털고 일어서자
다대포 앞바다 소리가
창 너머로 아득하다

연방 지글대는 꼼장어 안주 삼아
슬며시 소주 한 잔 들이켜고는
가만히 생각해 보니
잠시 정박했던 배들이
푸른 바다로 떠난 것이었다

그 순간, 꼼장어구이 집 안으로

환한 웃음 실은 만선滿船들이 쏟아져 들어온다
―「항해」 전문

 부산 생활이 모티프가 된 시들은 자신의 실존적 상태와는 뭔가 다르게 목청이 활달해서 좋다. 그러면서 동시에 시의 시선이 내면으로 향해 있지 않아서 그런지 언어의 강도(强度)가 약화된다. 이 말은 단지 특징을 말하는 것이지 일반적으로 말하는 시의 장단점을 언급하는 것이 아니다. 어쩌면 활달한 그의 목청은 자신의 내면을 의식하면서 펼쳐 보이는 정반대의 세계일지도 모른다. 이게 위장이라도 좋고 반어라고 해도 틀리지 않을 것이다. 시가 솔직해야 한다는 말은 구구절절 제 속내를 끼발려야 한다는 말은 아니다. 너스레를 떨든 가면을 쓰든 아니면 엉뚱한 주술을 내뱉든 시를 이루는 바탕이 무구해야 한다는 뜻일 게다. 시인이 "그야말로 아수라장"이 "잠시 정박했던" 곳이라고 말할 때, 이 진술에서 나는 두 가지 계열이 이중나선처럼 내 가슴에 감기는 것을 느낀다. "에라 모르겠다 벌러덩 드러누운 놈/ 날씬한 뾰족구두에 치근대는 놈/ 물끄러미 정문만 바라보는 놈/ 짓밟혀 일그러진 놈"이 형성하는 "아수라장"이 시인 안의 아수라장을 위장한 표현일지도 모른다는 것과 이 아수라장은 실제로는 "잠시 정박"히는 곳이고 우리의 삶은 "푸른 바다"와 아직 연결을 끊지 않고 있다는 믿음이라는 게 그것이다. 그러나 실제에 대한 위장이든 실재에 대한 믿음이든 손병걸의 시가 "아수라장"에서 발생한다는 점이 중요하다.

실명(失明)

아마도 이 시집을 읽은 독자 중 대부분은 시인의 실명(失明)이 "아수라장"의 진짜 정체라고 이해할 게 분명하다. 나는 시가 시인의 물리적인 삶에서 모락모락 피어오르는 것이라고 믿는 입장에 서 있다. 그래서 부쩍 문화화된 시를 읽을 때는 무척 긴장이 되고 심지어 어떤 강박증이 도지기까지 한다. 물론 삶이라는 것은 문(文)과 질(質)이 불안정하게 유기화된 양태를 말한다. 하지만 문은 질 없이는 존재할 수 없고 질은 문 없이는 표현될 수 없다. 공자는 『논어』 '옹야' 편에서 질이 문을 윽박지르면 거칠고, 문이 질을 압도하면 사(史)하다고 했다.(質勝文則野 文勝質則史).물론 공자의 결론은 조화[彬彬]지만, 시는 거칠고 생동감 있는 것이 곱지만 창백한 모양보다 더 독자들을 움직인다. 참고로 사(史)에 대한 주자의 주석은 이렇다. "사는 문서를 관장하는 사람이다. 많이 듣고 세상사를 익혔으나 성(誠)이 부족할 수 있다." 세설은 이쯤하고 내 속내를 밝히

자면 이것이다. 시는 삶을 표현하는 물건이다! 그래서 새로운 표현 양식을 얻고 싶으면 바로 질, 물리적인 삶의 세계를 재구성해야 맞지 반대로 문의 세계를 탁마해서 될 일은 아니다. 독자가 이 시집을 읽으면서 시인의 현존 상태에서 관심이 떠나는 일은 불가능하리라. 차라리 시인이 자신의 실존 조건을 어떻게 인식하고 또 어떻게 표현하고 있는지 살펴보는 일이 훨씬 더 솔직하고 생산적일지 모른다. 실명이라는 사건도 냉철하게 말하면 시인의 삶이다. 그래서 더욱 거기에 독자의 감정을 개칠할 필요는 없다. 시집 곳곳에 자신의 실제 처지를 드러내는 시편들이 많지만, 자세히 읽어보면 그것은 시인이 자신의 실명을 마케팅하는 것이 아니라 단지 자신의 암담한 생활을 표현하고 있을 뿐임을 알아채기는 그리 어려운 일이 아니다. 「죽」이라는 시에서 시인은 이렇게 말했다. "느닷없이 두 눈 잃어/ 죽을 둥 살 둥 술 퍼마시고/ 빗속에서 청승 떨다/ 자리를 깔고 드러누웠다". 아마 이 구절은 실명 직후 벌어진 생활에 대한 진술일 것이다. 그리곤 줄곧 자신의 생활을 노래하고 있을 뿐이다. 예를 들어 「아이가 아빠를 키운다」를 보자.

아빠 식사하세요
밥때만 되면
아이의 목소리 들린다

자식이라고는 단 하나
고작, 초등학교 3학년
생일이 빨라서 3학년이지
이제 아홉 살짜리다

밥상에 앉으면
이건 김치, 빨개요
요건 된장찌개, 뜨거워요
두 눈이 안 보이는 아빠를 위해
제 입에 밥알이 어찌 되든지 말든지
오른쪽에 뭐 왼쪽에 뭐
아이의 입은 바쁘다

요란한 밥상이 물러나면
커피는 두 스푼
설탕은 한 스푼 반
크림은 우유가 좋다며
책상 앞에 앉아 있는 내게
깡충깡충 커피를 가져다 준다

아홉 살짜리 아이가

아빠를 키운다

—「아이가 아빠를 키운다」 전문

 자신의 알몸을 이렇게 드러내면서도 시에다 감정의 찌꺼기를 배설하지 않는 것은 독자들에게 믿음을 준다. "어둠 속의 감금"(「시인의 말」)인 자신의 생활이 어떻게 이루어지고 있는지에 대한 이 담백한 진술이 곧 빼어난 시적 성취와 동의어가 되는 것은 물론 아니다. 진작부터 이 글의 성격을 '발문'으로 규정해 버린 것은 아무래도 내게 인간 손병걸과 시인 손병걸을 분간해 낼 재주가 없어서이다. 또 하나 내가 스스로에게 부과한 책임은 실명이라는 사건으로부터 손병걸을 떼어내는 일임과 동시에 시인이 그 사건과 어떻게 새로이 관계 맺기를 시도하고 있는지를 탐색하는 것이다. 들뢰즈는 『의미의 논리』(이정우 역)에서 "우리에게 일어나는 일을 받을 자격이 없는 자가 되지 말라. 반면, 자신에게 발생하는 일을 불공정하고 부적격한 것으로서 받아들이는 것(이 경우, 일어난 일은 언제나 누군가의 잘못이 된다), 바로 이것이 우리의 꺼림칙한 상처, 인칭적인 원한(怨恨), 사건에 대한 원한을 가져온다"(260)고 말한 적이 있다. 니체의 제자답게 일어난(혹은 일어날) 일에 대한 이러한 긍정은 들뢰즈가 오로지 삶을 사유했기 때문에 가능했을 것이다. 물론 삶을 사유하는 일은 생존 상태만을 사유하는 게 아니라 생존 상태를 감싸고 있는 죽음이라는 큰 보자기까지 통째로 천착해 들어가는 것이다. 죽음은 미래의 사건이 아니라 바로 살아 있는 현재의 틈서리에서 자신의 모습을 언뜻언뜻 드러내기 때문이다. 이를 손병걸에게 적용한다면 「죽」에서 이미 죽음이 현시되었다고 말할 수 있겠다. 다만 시인이 그것을 의식했느냐 못 했느냐는 전혀 다른 문제이다. 어쩌면 시가 되지 못한 '손병걸의 죽음'은 더 많았을 것이고 이는 손병걸에게만 해당되는 것은 물론 아니다. 결국 삶은 단지 출생과 죽음, 이 양극단의 사이를 말하는 것이 아니고 죽고 다시 태어나는 과정의 반복을 의미한다. 그래서 생물학적 죽음 이후에도 다른 삶이 있다는 종교적인 주장도 나는 가능하다고 믿는다. 만일 내 억측에 설득력이 있다면 우리가 맞은 사건이 곧 삶 자체라는 비약도 전혀 불가능하지는 않을 터, 시인은 「단풍나무」에서 이렇게 말한다.

> 끝을 알고 가는 길이라면
> 얼마나 싱거운 일인가
> 온몸이 벌게진 채
> 한 잎 두 잎 살점을 내려놓는
> 단풍나무 너는, 온전히 가을이다
>
> ―「단풍나무」 부분

"단풍나무"가 "온전히 가을"일 때는 "한 잎 두 잎 살점을 내려놓는" 때다. 다시 말하면 '온전함'이란 상실 혹은 체념까지 포괄하는 전체라는 뜻이리라. 다른 시를 한편 더 읽자.

빛이 사라졌다
침대를 둘러싼 발소리
말끔히 빠져나간 병실

유리창으로 쏟아지는
햇살이 찔러대도
열리지 않는 두 눈동자
나의 어둠이 단단했다

도무지 한 치 앞을 몰라
흰 지팡이 따라나선 길
이제는 끝이구나! 주저앉아 버렸을 때
코끝을 찌르는 독한 향기

얼떨결에 뻗은 손
손가락 끝에 닿는

가느다란 꽃대 끝 불과한 꽃 한 송이,

어둠을 움켜쥔
뿌리의 힘!

— 「검은 꽃」 전문

 이 시도 분명 실명 직후의 상황을 그리고 있지만 실명 사건을 충분히 객관화시킨 시기에 지어진 듯하다. 추측의 정오와 관계없이 이 시는 시인이 "끝"에서 새로운 시작을 혼자 고독하게 더듬었음을 분명하게 예증해 준다. "어둠을 움켜쥔/ 뿌리의 힘"이 시인 자신의 주관적인 의지가 돋을새김된 것인지 시적 진술 그대로 주저앉음과 동시에 "얼떨결에" 시인을 관통한 것인지 정확하지는 않지만, 낯선 사건에 대한 치열한 직관의 반복이 새로운 주체를 탄생케 하는 밑바탕이 된다는 것은 우리의 경험적 사실에 부합하는 바가 분명 있다. 「묘박」이라는 시에서도 "정박을 향한 끊임없는 저 몸부림은/ 평생일지 모른다"고 강하게 시인은 단언하고 있지 않은가.

진화

 두 눈 버젓이 뜨고 사는 자의 철없는 소리인지는 모르겠지만, 도리어 오관(五官)이 번뇌와 오욕의 근본 원인일지도 모른다. 불교는 이것을 넘어서자는 주장 아니던가. 손병걸이 이것을 모를 리 없을 터 「흰 머리카락」이라는 시에서 이렇게 말한다.

> 어디 세상에 변한 것이
> 내 몸뚱어리와 머리카락뿐이랴?
> 안방을 차지한 텔레비전을 기어 나와
> 달팽이관을 후벼대는
> 뉴스 속 저 검은 말들
>
> 차마 볼 수 없을 만큼 변해버린 것들에 대하여
> 어느 날 아침, 보이지 않는 두 눈이
> 번쩍 떠지지나 않을까 두려울 때가 있다
> ―「흰 머리카락」부분

 독자들이 한 권의 시집 속에서 시인의 전기적 사실을 뽑아내려는 시도는 미망에 가까운 노력이다. 시는 아무리 쉬운 시라도 시인의 정서가 언어로 추상화되어 나온 것이어서 시인의 전기적 사실의 재구성이 기실은 독자 자신의 변용(變容)임을 의미할 뿐이다. 만일 이 미망에 가까운 노력이 여기까지 와 이른다면 이는 분명 하나의 전환이다. 정확히, 시는, 독자의 변용을 노린다. 앞에서 내가 말한 '물리적 삶의 재구성'이 이것과 같은 맥락을 가진다. 그래서 시를 읽는 일은 어떤 변화의 도정에 발을 들여놓았다는 것을 의미한다. 이것이 시만 갖는 특징이라고 우길 생각은 없다. 지상에서 벌어지는 어떤 사건도 모두 삶의 변곡점에 해당되기에 들뢰즈의 말마따나 "자신에게 발생하는 일을 불공정하고 부적격한 것으로서 받아들이"면 삶은 재구성되지 않고 불모화 된다. 이게 바로 원한 감정(ressentiment)의 가공할 에너지다.

「흰 머리카락」에서 손병걸의 사회 비판 의식을 읽는 일은 명백한 오독이다. 그것보다 더 본원적인 것, 바로 감각기관의 재설정이 이루어지고 있음을 눈여겨봐야 한다. 물론 빛과 상관되는 신체 부분 사이에 대한 자세한 논구는 내게는 어림없지만, 하여튼 신체 부분이 기관화되는 것은 부분 자체의 독자적인 진화에 의거하지 않는다. 이미 진화 자체가 환경과의 복잡한 상호작용의 결과물이기에 그렇기도 하지만 본질적으로 환경이란 개체 바깥에 선험적으로 구성된 객관 세계가 아니라 전체 생명계의 부단한 운동이 창출한 과정적 양태이기 때문이다. 따라서 환경 자체가 하나의 신체다. 그러므로 개체/환경, 주관/객관의 구분은 존재의 출발점이 아니라 존재가 생산한 결과에 대한 사후적인 범주 구분에 지나지 않는다.

직접 보지 않으면
믿지 않고 살아왔다

시력을 잃어버린 순간까지
두 눈동자를 굴렸다

눈동자는 쪼그라들어 가고
부딪히고 넘어질 때마다
두 손으로
바닥을 더듬었는데

짓무른 손가락 끝에서
뜬금없이 열리는 눈동자

그즈음 나는
확인하지 않아도 믿는
여유를 배웠다

스치기만 하여도 환해지는

열 개의 눈동자를 떴다

　　　　—「나는 열 개의 눈동자를 가졌다」 전문

　이미 이 시 앞에는 "손가락 끝"이 어떻게 "눈"으로 진화했는지 보여주는 「손가락 끝에 박힌 눈」이라는 시가 있다. 이 시에서는 "열 개의 눈동자"가 다름 아닌 "한나절 봄비 내린 후/ 대지에 돋아나던 새싹들/ 그 푸른빛의 살점들"이라고 노래한다. 그러나 새로운 눈의 탄생은 그렇게 쉽게 찾아 온 것이 아니다. "떠오르는 햇볕 한 줌이라도 더/ 부서지는 저녁놀 한 줌이라도 더/ 동공 속에 담으려다가" 얻은 "통증을 삼킨 상처"의 다른 이름인 것이다. 내가 앞에서 손병걸 시인이 자신의 실명을 마케팅하는 것이 아니라고 한 것이 단순히 인간적으로 접어주고 싶어서 그랬던 것임이 아님을 이 글을 읽고 있을 독자들은 확인했을 것이다. 여기서 우리가 할 일은 섣부른 감상을 가지는 게 아니라 더 서늘하게 "손가락 끝"이 "눈"으로 진화할 수 있는지 사색하는 일일 것이다. 왜냐하면 이 시집을 읽는 가장 큰 이유는 시인이 눈을 잃은 '불쌍한 존재'여서가 아니라 한 개체적 존재가 자신의 몸에서 벌어진 엄청난 사건을 어떻게 내면화하면서 자신의 변화를 꾀하고 있는지 살피는 일이기 때문이다. 값싼 감상을 남발하는 것은 휴머니즘도 아니다. 불쌍한 존재가 타자를 불쌍하게 본다. 바꿔 말하면 값싼 감상은 타자의 불행 때문이 아니라 자신의 불행을 타자에게 전이시킨 것에 지나지 않는다는 말이다. 변화는 자신도 모르게 자신에게 고여 있는 감정의 찌꺼기를 배설하거나 잉여 감정을 생산하는 일이 아니다. 손병걸의 자장 안에서 말하자면 제가 가진 "손가락 끝" 자체를 변용시키는 것이다. 그것이 구체적으로 무엇을 가리키는지는 묻지 말자. 시는 매뉴얼이 아니니까. "스치기만 하여도 환해지는/ 열 개의 눈동자를" 뜨는 순간, 손병걸은 다르게 태어난다. 거듭남이 있다면 바로 이것이다. 거듭남을 회심(回心)이라 번역할 수도 있지만 이것이 죽음이 삶의 사이에 또는 삶이 죽음의 사이에 존재한다는 것을, 그리고 죽음과 삶의 차이 나는 반복이 바로 우리의 운명임을 가르쳐 준다. 그러나 감각과 의식이 살아 있는 상태에서 자신의 부분이 사라져가는 과정을 겪어야 한다는 것은 내게는 끝내 상상이 가지 않는 사건이다.

텅 빔

손병걸은 자신의 감각기관을 퍼즐처럼 재조정해 달라신 실존 조건에 대응하고 있다. 그는 "손가락 끝"을 "눈"으로 진화시키고 청각기관의 기능을 극대화시킨다. 시각이 퇴화된 자리에 청각과 촉각을 재배치하여 자신의 삶을 꾸려나가는 일은 물론 간단한 일은 아니지만, 어쩌면 그것은 시인에게는 피할 수 없는 일이었을 것이다. 이는 삶이 갖는 물리적인 필연성에 기인한다. 그래서 손병걸은 이렇게 삶의 방향을 다잡는다.

저수지 둑길을 걷는데
사람들이 던지는 돌멩이에
고인 물 일어나는 소리
천 년의 잠을 깨는 것 같아서
화들짝 귀가 열렸다

가던 걸음 멈추고
몸을 낮추니
이름 모를 풀잎들 날갯짓 소리
출근길 와글와글 풀벌레 소리
시퍼렇게 살아 있다

더는 흐를 수 없는 물일지라도
아래로 아래로 뿌리를 내리고
끝내는 푸른 몸으로 일어나는 것이어서

    제아무리 하찮은 목숨일지라도
    그만큼의 소리를 지니고 있었구나!

    내 몸을 관통한 소리 따라
    스르르 일어서는 바람,
    캄캄한 길 뒤틀린 관절
    유쾌한 소리로 일어설 수 있으려니
    어둠 속 풀 한 포기라도 괜찮겠다
                             ―「소리를 보다」 전문

  그는 이제 '소리를' 본다. 나는 지금껏 실명 사건을 중심으로 시인이 그 사건을 어떻게 내면화시키는가에 초점을 맞추어 왔다. 거기서 불가피하게 손병걸의 몸을 하나의 기계처럼 묘사하고 시인이 자신의 삶을 어떻게 변용시킬 수밖에 없었는가를 주로 말해왔지만 여기서 손병걸은 자신의 삶이 단순한 물리적 기계가 아님을 웅변하는 도약을 보여준다. 여기서 손병걸은 소리를 '볼 수 있는' 어떤 문턱을 막 넘어서고 있는 것이다. 귀―기계가 눈―기계로 변이되고 있는 것인데 그렇지만 이는 단순히 기능의 변화를 가리키는 게 아니다. "제아무리 하찮은 목숨일지라도/ 그만큼의 소리를 지니고 있"다는 지금까지의 세계와는 전혀 다른 지평이 그에게 열리고 있다는 뜻이다. 이는 분명히 새로운 세계의 개진이다. 더군다나 이것을 그는 오로지 몸으로 감각하고 있다. 어떤 사유의 이미지나 미리 형성된 관념을 빌어서가 아니라 자신의 "몸을 관통한 소리 따라/ 스르르 일어서는 바람"이 불고 있는 것이다.

여기서 "몸을 관통한 소리 따라/ 스르르 일어서는 바람"의 이미지는 「하모니카 소리」로 이어진다. "그래 파이고 뚫리지 않고서야/ 어찌 애달픈 곡조가 흘러나오겠어/ 그래 바람 찾지 않는 계곡에/ 어찌 아름다운 노래가 있겠어"! 이 깊이 참았던 숨의 토로는 자신의 몸에 대한 지극한 성(誠)을 통하지 않고는 나오기 힘들다. 마치 『노자』의 한 구절 "천지 사이는 마치 피리와도 같구나! 비었으되 다함이 없으니 움직일수록 (소리가) 더 나온다"(天地之間 其猶乎. 虛而不屈 動而愈出)를 떠올리게 한다. 분명한 것은 「소리를 보다」 이후 그의 몸은 '텅 빔'을 향해 방향 지워져 있다는 것이다. 그러나 이 '텅 빔'은 수동적 반응의 결과가 아니라 능동적 생성이다. 시인은 자신의 실명 사건을 계기로 자신의 몸, 즉 생명의 힘이 표현된 몸이라는 난데없는 화두(火竇)에 던져지지 않았을까. 빛[明]을 잃었다[失]는 의미에서 그 사건은 일종의 부정적 계기지만 빛이 꼭 눈과 관계한다는 인식 자체는 정말 정당한 걸까? 우리가 생명에 대한 인식의 경계를 더 넓혀 본다면 빛이 꼭 눈이라는 기관과만 관계하리라는 관념은 한 번 더 숙고할 문제를 내포한다. 거꾸로 "손가락 끝"이 빛을 함축하면 "손가락 끝"이 광학적 효과를 창출할 수 있고 마음이 빛을 함축하면 눈을 잃은 자도 바깥 세계를 볼 수 있을지 모른다. 물론 "손가락 끝"이나 마음이 보는 세계가 눈으로 보는 세계와 동일하지는 않을 것이다. 그러나 신체의 특정 부분과 바깥 세계의 사물이 서로를 함축해서 특정 기관을 형성할 수 있다는 상상력은 기존 관념을 탈구시켜 새로운 주체의 탄생에 기여하는 바가 있을 수 있다고 나는 생각한다. 이 시는 어떨까. 「작설차를 마시며」에서 시인은 이렇게 말하고 있다. "혼자 마셔도/ 혼자가 아니어서 좋다". "식어가는 찻잔에 남은/ 마지막 한 방울 말까지 마시고 나면/ 세상 구석 미세한 소리조차 받들어 마시는/ 창문 밖 저 귀가 큰 겸손한 고요"!

나는 지금껏 시인의 실명 사건이라는 부정적 계기 이후를 더듬어 왔다. 까닭은 두 가지다. 먼저 손병걸에 대한 내 마음이 실명 사건을 빼고는 이루어질 수 없었고 또 한 가지는 이 시집 자체를 그의 실명 사건을 빼고 읽을 수가 없기 때문이다. 더군다나 나는 시인의 시 자체를 읽지 못하고 시에 표현된 그의 실존 상태를 더듬어 왔다. 그것도 몸의 변화라는 선을 따라서 말이다. 뿌리 깊은 내 병통인지는 모르겠지만, 시는 분명 몸의 어떤 양태에 기반한다는 것. 이 말을 뱉는 순간 나를 향한 인문주의자들이나 미학주의자들의 비난이 귀에 들려오는 듯하지만 설마 내가 말하는 몸의 양태를, 몸의 유기적 상태 혹은 생리적 구조로만 직역하지는 않으시겠지? 내가 말하고 싶은 바는 몸이 처한 총체적인 위상을 말한다. 삶은 물질적 층위(여기에는 몸이라는 물질을 이루는 분자적 세계까지 포함된다)에서 영성적 층위까지 모두를 통칭한 이름이라고 나는 믿는다. 거기다 시간이 곱해진다. 어쩌면 여러 층위(도대체 몇 개의 층위가 뒤섞여 있는지 모르겠지만)가 상호 작용하여 눈앞에 드러내는 무엇을 우리는 삶이라고 말하고 있는지도 모르겠다. 그렇다면 감각으로 느낄 수 있는 것만을 삶이라 할 수 있는 걸까. 그래서 부처님은 "만들어진 일체 법은 마치 꿈과 같고 환영과 같고 거품과 같고 그림자와 같고 이슬과 같고 또한 번개와 같다"(一切有爲法 如夢幻泡影 如露亦如電, 『금강경』 '應化非眞分')고 했을까. 몸이 꾸려나가는 삶의 아래 심급에서 지금도 끊임없이 상호작용 중인 운동은 무엇이라 불러야 할까. 법(法)이라 해야 할까, 도(道)라 해야 할까. 어쩌다 보니 이 글이 손병걸의 시에 대한 이야기와 내 잡설이 뒤섞여 버렸는데 어쩌면 지금 나는 손병걸의 시를 통해서 내 변신의 찰나를 언어화하고 있는지도 모르겠다. 우리는 이러한 인연의 세계에 살고 있다. 이 글이 완벽히 손병걸의 작품에 종속되거나 손병걸의 작품이 어줍지 않은 이 글에 낱낱이 드러나는 일은 가능하지도 않거니와 그것을 의도하는 것 자체가 내게는 어리석은 일로만 생각

된다. 왜냐면 우리는 오로지 영향 받고 영향 주는 과정적 존재들이니까. 이미 궤도를 이탈한 글에 대한 변명이 아님을, 다른 이는 몰라도 나의 동무 손병걸은 고개를 끄덕여 줄 것이다.

미래

손병걸의 시는 분명 「소리를 보다」 「하모니카 소리」 「작설차를 마시며」에서 어떤 변곡점을 드러낸다. 줄곧 손병걸의 시를 그의 전기적 사실과 표현의 변화를 통해 살펴봤지만 시 자체가 단순한 사실의 기록이 아니고 다른 독자성을 갖는다는 주장도 또한 있다. 그렇다. 우리가 시를 사실을 변주한 기록이라는 측면에서만 보기 시작하면 시가 갖는 힘을 과소평가할 수 있다. 시가 기록 이상의 의미를 가지지 못한다면 결국 우리의 삶 자체가 지루한 평면일 뿐이라는 자학까지 가능하다. 그러니까 복잡하고 역동적인, 그래서 창조적일 수밖에 없는 삶을 긍정하기 위해서라도 시에 대한 조금 더 다른 지점을 탐색할 필요가 있다. 네그리는 『예술과 다중』(심세광 역)에서 "예술이 추상적이 된 것은 하나의 현실적인 전개를 샅샅이 답파함으로써 또 추상화(抽象化)를 통해 하나의 새로운 세계를 창조함으로써"(45)

라고 말한 적이 있다. 전제된 맥락을 제하고도 내가 밑줄을 그은 부분은 바로 "하나의 새로운 세계를 창조함으로써"이다. 이 말이 쉽게 이해되기는 어렵겠지만, 지금 내 수준으로만 말해 본다면, 예술은 (우리 입장에서 보면 시는) 단순한 사실의 기록이 아니라 구체적 삶을 추상화시켜 그것을 새로이 표현한다는 뜻일 것만 같다. 그러나 여기서 말하는 새로운 표현은 미학적 수사나 허위를 뜻하는 것은 물론 아니다. 네그리는 같은 책에서 분명히 이렇게 썼다. "반동자들은 따라서, 수사학에 전념하"고 "세계라는 무대를 미학적인 허식으로 환원시키고"(72) 만다고. 새로운 표현이 예술사 내에서 하나의 범주를 추가하는 데 그치는 것이라면 대체 예술에서의 새로움은 무슨 의미가 있는 걸까.

들뢰즈는 『천 개의 고원』(김재인 역)에서 "내용과 표현 사이에는 대응 관계도 일치 관계도 없으며 다만 서로 동형성을 전제할 뿐이다. 내용과 표현 사이의 구분은 항상 실재적이지만, 그 구분은 여러 측면에서 이루어진다"(93)고 말한 후 그 다음 고원에서 "모든 표현 또는 표현된 것은 내용에 끼워 넣어지고 개입한다. 내용을 표상하기 위해서가 아니라 내용을 예견하고, 퇴보시키고, 지연시키거나 가속시키고, 분리하거나 결합하고 또는 다르게 재단하기 위해서"(169)라고 부연했다. 우리의 맥락에 맞게 고쳐 말하면 이렇게 될 수도 있다. '시적 형식과 구체적 삶의 관계는 일

대일 대응 관계나 직접적으로 일치하지 않는다. 다만 유사해 보이면서 동시에 상호 독립적이다. 그러나 이 상호 독립성은 양자의 무관계성을 말하는 것이 아니라 시적 형식과 구체적 삶은 서로 간에 끊임없이 상호작용한다는 것'이다. "요컨대 내용의 형식과 표현의 형식 간의 기능적 독립성은 그것들이 서로 전제되고 하나에서 다른 하나로 끊임없이 이행하는 형식일 뿐이다."(170) 여기서 바보들은 항상 선후 관계를 정립하고 싶어 한다. 그럼, 삶이 먼저래 시가 먼저래? 하지만 이런 사고는 모든 사물에 순위를 매기려는 권력의 욕망에 다름 아니다. 상호 작용 속에서는 선후란 있을 수 없고 관계 맺기는 선후를 모른다. 차라리 더 깊은 의심이 있다면 대체 내용과 표현이 어떻게 상호 이행하는 것인가 물어야 한다. 사실 우리가 의식적으로 그것을 이해하거나 일목요연하게 언어화시키기는 쉽지 않다. 그러나 이미 손병걸의 시 자체가 이런 상호작용의 결과물은 아닐까? 마지막에 내가 현학의 탈을 뒤집어쓴 까닭은 자칫 손병걸의 시가 구체적 삶의 사실을 언어로 재현하려는 제자리걸음을 하지 않을까 하는 노파심에서이다. 아니 노파심이 아니라 어떤 징후가 이번 시집에 노정되어 있기 때문이다. 이러한 부정적인 징후 자체는 손병걸만의 문제가 아니라 세상에 제출된 모든 작품에 대한 독자의 시비일 수 있다. 왜냐면 제출된 작품에 대해서 독자의 완전한 수긍이란 불가능하니까. 아무튼 한계가 설정된 삶은 사육에 다름 아니므로 새로운 세계를 창조하기 위해서라도 시인들은 독자의 시비를 힘껏 전환해 새길 필요가 있다.

모두에서 공자 선생의 말씀을 들먹여 봤지만, 내가 뭘 알고 하는 소리는 아니고, 다만 질이 문을 윽박질러서 야의 광야로 성큼 발걸음을 디뎠으면 하는 내 평소 욕망을 부러 공자 선생께 의탁해 본 것이다. 어찌 보면 문은 이미 전제된 세계이다. 문을 철저히 습득해 문을 부수는 방법도 있겠지만 역으로 질을 극단화시켜서 새로운 문을 창조하는 길은 손병걸 시인이나 나 같은 변두리 것에게는 한번 해볼 만한 몸부림일 것이다. 여기서 질의 극단화는 무슨 낭만적 야수성을 의미하는 게 아니라 자신의 자아를 끊임없이 찢고 나와 자아의 경계를 더 넓히는 일이다. 넓히면 깊어지지 않을까? 더군다나 우리가 오늘날 접할 수 있는 아름답고 현란한 문은 이미 쇠락의 길로 접어들었다는 게 내 판단인데 굳이 그 길을 따라갈 이유는 어디에도 없다고 본다. 궁(窮)하면 변(變)한다. 그 변화에 통(通)해야 오래 간다(久)는 게 옛 선인들의 지혜다. 오래 가는 게 꼭 바람은 아니나 아무튼 그렇다는 것이다. 감히 문명사적 판단을 내리자는 게 아니라 몸으로 살아가는 존재들의 직관에 대한 믿음이 오늘날처럼 세련된 자본주의의 문을 거부할 수 있는 길이 될 수 있으리라는 독단이라면 독단적인 자각일 뿐이다. 손병걸의 시를 몸의 변화를 통해서 들여다보고 싶었던 것은 실명 사건을 그가 훌륭하게 극복했다는 위무를 전하기 위해서가 아니라, 당신은 이미 변화의 기쁨을 알게 되었으니 그 도정에서 다시는 내려오지 마시오, 라는 충언을 언젠가는 하고 싶어서였기 때문이다. 이렇게 한 시인의 첫 시집 뒷부분에 오만가지 희언을 늘어놓으며 들앉아 있는 일은 업을 쌓는 일이 틀림없지만 내게 주어진 이 사건도 "불공정하고 부적격한 것"이라 원망하고 싶지는 않다. 그래서 좌고우면하지 않고 여기까지 왔다. 이러한 허튼짓에 대한 면죄부는 손병걸이 내게 발부해 주었다고 나는 믿는다. 믿음은 변용과 진화에 연결되고, 진화는 도래할 다른 세계를 예비하기에. (즉 새로운 사건의 창조는 새로운 시간을 호출하기에.) 그러나 이제 그만 이 자리를 떠나서 혼자 있어야겠다. 홀로 있지 못하면 아무것도 생성할 수 없기에!